AF174977

Рассказы на испанском
Уровень B1-B2 - Книга 1
- С АУДИО -

для изучения испанского языка как иностранного

Скачайте аудио к этой книге:

Шаг 1: Зайдите на Esidioma.com/extras

Шаг 2: Введите этот код:

eNBII

Нужна помощь? Напишите нам: info@Esidioma.com

ESidioma
esidioma.com

Índice

esidioma.com

Изучайте испанский с нами!
Если Вы хотите улучшить свои языковые
навыки, у нас есть все, что Вам нужно.

Copyright © Esidioma
Тексты: Хосе Антонио Сантьяго
Дизайн: команда Esidioma
Изображения: pexels.com
ISBN - 978-84-16971-86-2
Legal Deposit - AS 02223-2024

Un buen vino
Хорошее вино

Vocabulario

1. humilde   скромный
2. sobrevivir   выживать
3. hombre de negocios   бизнесмен
4. fortuna   состояние, богатство
5. carta   письмо
6. eternidad   вечность
7. logro   достижение
8. celebrar   праздновать
9. desaparecer   исчезнуть
10. sonrisa   улыбка
11. preocuparse   беспокоиться
12. sorbo   глоток
13. tranquilizarse   успокоиться
14. respirar   дышать
15. encantado   довольный, радостный
16. esposa   жена, супруга
17. marido   муж
18. copa   бокал
19. probar   пробовать
20. olvidarse   забыть
21. traer   принести
22. intento   попытка
23. abrazar   обнимать
24. disfrutar   наслаждаться
25. siguiente   следующий

Un buen vino

En una pequeña aldea entre las montañas, vivía un humilde agricultor. Su día a día consistía en trabajar duramente y sobrevivir con poco dinero. Su hermano, en cambio, era un hombre de negocios que, después de muchos años viviendo en la gran ciudad, había adquirido una gran fortuna.

Un día, el campesino recibió una carta:

"Querido hermano, hace una eternidad que no sé nada de ti. ¡Qué ganas tengo de verte! ¿Te has convertido ya en el agricultor más rico de la región? Estoy seguro de ello y, por eso, voy a visitarte la semana que viene. Vamos a celebrar tus logros y brindar por ello con un buen vino".

Хорошее вино

В маленькой деревушке среди гор жил скромный фермер. Его повседневная жизнь заключалась в том, чтобы тяжело работать и выживать на небольшие деньги. Его брат, напротив, был бизнесменом, который, прожив много лет в большом городе, нажил себе большое состояние.

Однажды фермер получил письмо:

«Дорогой брат, вот уже целую вечность я ничего не знаю о тебе. Как мне хочется повидать тебя! Ты уже стал самым богатым фермером в регионе? Я уверен в этом, и поэтому я собираюсь навестить тебя на следующей неделе. Давай отпразднуем твои успехи и выпьем за это хорошего вина».

El hombre se alegró de inmediato. Sin embargo, poco a poco, su sonrisa fue desapareciendo y comenzó a preocuparse, ya que no quería que su hermano descubriera la realidad de su humilde vida.

—Tranquilízate, mi amor —le dijo su mujer, que siempre tenía soluciones para todo—. Tengo un plan magnífico para impresionar a tu hermano.

El día de la visita, todo fue de maravilla. El hombre de negocios estaba encantado de volver a respirar aire limpio. Al llegar a casa, se sentaron a la mesa a comer queso y fruta fresca. Entonces, la esposa del campesino se levantó:

—Querido, te has olvidado del vino —dijo la mujer y se fue a la cocina. Unos segundos después, volvió con una copa de vino y se la ofreció a su marido—. Pruébalo. ¿Te parece que es lo bastante bueno para tu hermano?

Мужчина сразу обрадовался. Однако мало-помалу его улыбка увяла, и он начал беспокоиться, так как не хотел, чтобы брат узнал правду о его скромной жизни.

– Успокойся, любовь моя, – сказала его жена, у которой всегда были решения на всё. – У меня есть великолепный план, как произвести впечатление на твоего брата.

В день визита всё было замечательно. Бизнесмен был рад снова подышать чистым воздухом. Придя домой, они сели за стол, чтобы поесть сыра и свежих фруктов. Тут жена фермера встала:

– Дорогой, ты забыл вино, – сказала женщина, и пошла на кухню. Через несколько секунд она вернулась с бокалом вина и предложила его мужу. – Попробуй его. Оно кажется тебе достаточно хорошим для твоего брата?

—Vamos a ver —dijo el hombre mientras daba un pequeño sorbo—. No está mal, pero lo tenemos mejor. Vete a la cocina y tráeme otro.

La esposa regresó con otra copa de vino, pero a su marido tampoco le gustó. Y la siguiente, tampoco. Finalmente, después de varios intentos, el agricultor se alegró:

—¡Ahora sí! ¡Trae la botella! Prueba, hermanito. En la ciudad no tenéis nada parecido, ¿verdad?

—¡Qué razón tienes! ¡Qué bueno está este vino! —dijo el hermano con una gran sonrisa.

A la mañana siguiente, al despedirse, el hombre de negocios abrazó con fuerza a su hermano:

—¡Tú sí que sabes disfrutar de la vida! Aire limpio, comida deliciosa... ¡y menuda selección de vinos!

El campesino y su mujer se alegraron de ver que su plan funcionó: en realidad, no tenían más que una botella de vino.

– Посмотрим, – сказал мужчина, делая маленький глоток. – Не плохо, но у нас есть и получше. Сходи на кухню и принеси мне другое.

Жена вернулась ещё с одним бокалом вина, но мужу оно тоже не понравилось. И следующее тоже. Наконец, после нескольких попыток, фермер обрадовался:

– Это да! Принеси бутылку! Попробуй, братишка. У вас в городе нет ничего подобного, не так ли?

– Ты совершенно прав! Какое вкусное вино! – сказал брат с широкой улыбкой.

Наутро, прощаясь, бизнесмен крепко обнял своего брата:

– Ты-то умеешь наслаждаться жизнью! Чистый воздух, вкусная еда... и какой выбор вин!

Фермер и его жена были рады видеть, что их план сработал: на самом деле у них была только одна бутылка вина.

Ejercicios

1

¿Verdadero (V) o falso (F)?
Верно или неверно?

---

1. Hacía una eternidad que los hermanos no se veían.
2. El campesino había logrado grandes cosas en la aldea.
3. Al hombre de negocios no le gustaba el vino que probaba.
4. El campesino quería impresionar a su hermano.
5. El plan del campesino y su esposa funcionó.
6. El campesino teniá una buena selección de vinos.

2

Escoge la preposición correcta:
Выбери правильный предлог:

---

1. ¡Qué ganas tengo **por / de** verte! ¿Te has convertido ya **en / a** el agricultor más rico de la región?
2. Vamos a brindar **de / por** ello con un buen vino.
3. El día de la visita todo fue **de / por** maravilla.
4. Se alegró **a / de** inmediato. Pero poco **a / por** poco, comenzó **a / de** preocuparse.
5. **Al / Por** llegar a casa, se sentaron **a / alrededor** la mesa.
6. **A / Por** la mañana siguiente, el hombre de negocios abrazó **con / por** fuerza a su hermano.

3 Completa las frases con las siguientes palabras:
Закончи предложения следующими словами:

cambio / humilde / eternidad / impresionar /
respirar / descubriera / soluciones / fortuna

1. Tengo un plan para _____ a tu hermano.
2. No quería que su hermano _____ la realidad de
su _____ vida.
3. Hace una _____ que no nos vemos.
4. En _____ , su hermano había adquirido una gran _____ .
5. Su esposa tenía _____ para todo.
6. Estaba encantado de volver a _____ aire limpio.

4 Combina las columnas:
Соедини колонки:

1. El campesino se alegró de   a. parecido
2. El hombre dio un pequeño   b. inmediato
3. En la ciudad no tenéis nada   c. logros
4. Tú sabes disfrutar de la   d. vida
5. Vivía en una aldea entre las   e. sorbo
6. Vamos a celebrar tus   f. montañas

Soluciones
Ejercicio 1: 1-V, 2-F, 3-F, 4-V, 5-V, 6-F
Ejercicio 2: 1-de, en 2-por, 3-de, 4-de, a, a, 5-Al, a, 6-A, con
Ejercicio 3: 1-impresionar, 2-descubriera, humilde, 3-eternidad,
4-cambio, fortuna, 5-soluciones, 6-respirar
Ejercicio 4: 1-b, 2-e, 3-a, 4-d, 5-f, 6-c

Trabajo en equipo
Работа в команде

Vocabulario

1. remoto — далёкий
2. lobo — волк
3. valiente — смелый
4. juventud — молодость
5. cazador — охотник
6. inexperto — неопытный
7. ruido — шум
8. estómago — желудок, живот
9. presa — добыча
10. conejo — кролик
11. rebaño — стадо
12. atrapar — поймать
13. mordisco — укус
14. oveja — овца
15. delgado — худой
16. exhausto — измученный
17. zarpa — лапа
18. seta — гриб
19. ciervo — олень
20. víctima — жертва
21. sigiloso — незаметный, скрытный
22. peligro — опасность
23. persecución — преследование
24. suspirar — вздохнуть
25. pastar — пастись (на траве)

Trabajo en equipo

🔊 Audio 2

En un remoto bosque, alejado de la ciudad, vivía un joven lobo. Era muy rápido y valiente, aunque, debido a su juventud, aún era un cazador inexperto.

Una mañana, mientras paseaba por la orilla del río, sintió un ruido en el estómago. "¡Qué hambre tengo! Es hora de buscar una presa", pensó y comenzó a observar a su alrededor.

Al poco tiempo, sus ojos se posaron sobre un conejo que estaba comiendo hierba junto a un árbol. En un abrir y cerrar de ojos, el lobo saltó sobre él, lo atrapó y abrió la boca para dar el primer mordisco. Sin embargo, en ese preciso instante, el lobo vio una oveja a lo lejos. "¡Un momento!", pensó el lobo "Este conejo está muy delgado.

Работа в команде

В далёком лесу, вдалеке от города, жил молодой волк. Он был очень быстр и смел, хотя в силу своей молодости охотником он был ещё неопытным. Однажды утром, гуляя по берегу реки, он почувствовал урчание в животе. «Как я голоден! Пора искать добычу», – подумал он и стал оглядываться по сторонам.

Вскоре его взгляд упал на кролика, который ел траву рядом с деревом. В мгновение ока волк прыгнул на него, поймал и открыл пасть, чтобы сделать первый укус. Однако прямо в этот момент волк увидел вдалеке овцу. «Секундочку, – подумал волк, – этот кролик очень худой. Зачем мне тратить

¿Por qué debería perder el tiempo comiendo este saco de huesos, cuando puedo devorar esa enorme oveja?".

Sin pensarlo más, soltó al asustado conejo y se lanzó en dirección a la oveja. El pobre animal no tuvo tiempo para reaccionar. En unos pocos segundos, las zarpas del lobo estaban rodeándole el cuello. El fiero animal abrió las mandíbulas con la intención de dar un mordisco mortal. Sin embargo, justo en ese instante, un precioso ciervo pasó dando saltos. "No hay duda de que esa es una presa más sabrosa que esta simple oveja", pensó el lobo y empezó a correr tras su nueva víctima.

El lobo trató de ser lo más sigiloso posible, pero el ciervo sintió el peligro a tiempo y aceleró la marcha. Entonces, el lobo inició la persecución de su presa, aunque no fue rival para el veloz ciervo. Al poco tiempo, tuvo claro que no iba a lograr su objetivo. "No pasa

время на поедание этого мешка с костями, если я могу съесть ту огромную овцу?»

Недолго думая, он выпустил испуганного кролика и бросился в сторону овцы. Бедное животное не успело среагировать. Через несколько секунд волчьи лапы оказались на его шее. Свирепое животное раскрыло пасть, намереваясь нанести смертельный укус. Однако как раз в этот момент мимо проскакал красивый олень. «Нет сомнения в том, что это более вкусная добыча, чем эта простая овца», – подумал волк и побежал за своей новой жертвой.

Волк постарался быть как можно незаметнее, но олень вовремя почувствовал опасность и ускорил шаг. Тогда волк начал преследовать свою жертву, но смог тягаться с быстрым оленем. Вскоре ему стало ясно, что у него не получится добиться цели.

nada", suspiró el lobo. "La oveja tampoco es una mala opción".

Así que, volvió sobre sus pasos en busca de su presa. Lamentablemente, la oveja había salido corriendo en dirección a su rebaño y estaba pastando felizmente junto a su pastor. "No importa, aún me queda el conejo", sonrió el lobo y se fue alegremente hacia el árbol donde lo había visto unos minutos antes. Por desgracia, al llegar, se encontró con que allí ya no había nadie. Exhausto y hambriento, el pobre lobo se sentó bajo el árbol y empezó a comer setas.

No muy lejos de ahí, el conejo, la oveja y el ciervo, charlaban alegremente:

—¡Muy bien hecho amigos míos! —exclamó el conejo—. Si seguimos trabajando en equipo como hoy, el lobo se hará vegetariano en nada.

«Ничего, — вздохнул волк, — овца тоже неплохой вариант».

Поэтому он вернулся назад по своим следам в поисках добычи. К сожалению, овца убежала в сторону своего стада и радостно паслась рядом с пастухом. «Ничего, у меня ещё есть кролик», — улыбнулся волк и весело направился к дереву, где видел его несколько минут назад. К сожалению, придя туда, он обнаружил, что там больше никого нет. Измученный и голодный, бедный волк сел под дерево и стал есть грибы.

Недалеко оттуда весело болтали кролик, овца и олень:

— Отлично сработано, друзья мои! — воскликнул кролик. — Если мы продолжим работать в команде, как сегодня, волк скоро станет вегетарианцем.

Ejercicios

1
¿Verdadero (V) o falso (F)?
Верно или неверно?

1. El joven lobo era un cazador inexperto.
2. El lobo no fue rival para el veloz conejo.
3. El ciervo sintió el peligro y aceleró la marcha.
4. El lobo comió a la oveja y era sabrosa.
5. Exhausto y hambriento, el lobo empezó a comer setas.
6. El conejo, la oveja y el ciervo hicieron trabajo en equipo.

2
Escoge la preposición correcta:
Выбери правильный предлог:

1. El lobo comenzó a observar **por / a** su alrededor.
2. Sus ojos se posaron **encima / sobre** un conejo que estaba comiendo hierba junto **de / a** un árbol.
3. Debido **a / por** su juventud, era un cazador inexperto.
4. **Sin / Por** pensarlo más, se lanzó **en / a** dirección **a / de** la oveja.
5. El lobo volvió **por / sobre** sus pasos **por / en** busca de su presa.
6. Si seguimos trabajando **en / por** equipo, el lobo se hará vegetariano **en / de** nada.

3
Completa las frases con las siguientes palabras:
Закончи предложения следующими словами:

cerrar / remoto / pasos /
rival / sigiloso / atrapó / pastando

1. En un _____ bosque vivía un joven lobo.

2. En un abrir y _____ de ojos, el lobo saltó sobre el conejo y lo _____ .

3. Trató de ser lo más _____ posible.

4. El lobo volvió sobre sus _____ en busca de su presa.

5. La oveja estaba _____ felizmente junto a su pastor.

6. El lobo no fue _____ para el veloz ciervo.

4
Combina las columnas:
Соедини колонки:

1. El lobo sintió un ruido en el   a. saltos
2. Abrió la boca para dar un   b. huesos
3. No quiero comer este saco de   c. estómago
4. Un ciervo paso dando   d. alrededor
5. El lobo comenzó a observar a su   e. marcha
6. El ciervo aceleró la   f. mordisco

Soluciones

Ejercicio 1: 1-V, 2-F, 3-V, 4-F, 5-V, 6-V
Ejercicio 2: 1-a, 2-sobre, a 3-a, 4-Sin, en, a, 5-sobre, en, 6-en, en
Ejercicio 3: 1-remoto, 2-cerrar, atrapó, 3-sigiloso, 4-pasos,
5-pastando, 6-rival
Ejercicio 4: 1-c, 2-f, 3-b, 4-a, 5-d, 6-e

La caja de bombones
Коробка конфет

Vocabulario

1. vuelo	рейс, полёт
2. pasear	прогуливаться
3. perfume	духи
4. revista	журнал
5. banco	скамейка
6. embarque	посадка
7. mitad	половина
8. descarado	наглый
9. traje	костюм
10. derecho	право
11. permiso	разрешение
12. sonreír	улыбаться
13. asombro	удивление
14. partir	разделить, разломить
15. apresuradamente	поспешно, в спешке
16. agarrar	схватить
17. enrollar	свернуть, скрутить
18. avergonzado	чувствующий стыд
19. levantarse	встать
20. superioridad	превосходство
21. inaudito	поразительный
22. acercarse	подойти, приблизиться
23. caja	коробка
24. sacar	достать
25. cerrado	закрытый

La caja de bombones

Una mañana como otra cualquiera, en un aeropuerto repleto de gente, una mujer esperaba su vuelo. Como tenía tiempo de sobra, decidió irse a pasear por las tiendas del aeropuerto.

A los pocos minutos, había comprado un perfume, una revista y sus bombones favoritos.

"Aún falta un buen rato para el embarque", pensó mientras se acercaba a un banco. "Vamos a leer y comer un poco de chocolate".

La mujer tomó asiento, abrió la revista y cogió un bombón de la caja. De pronto, vio cómo el hombre sentado junto a ella también cogía un bombón.

Коробка конфет

Одним обычным утром в аэропорту, переполненном людьми, одна женщина ждала своего рейса. Так как у неё оставалось много времени, она решила прогуляться по магазинам аэропорта.

Несколько минут спустя она уже купила духи, журнал и свои любимые конфеты.

«До посадки ещё долго, – подумала она, подходя к скамейке. – Давай-ка я почитаю и поем немного шоколада».

Женщина села, открыла журнал и достала из коробки одну конфету. Вдруг она увидела, как мужчина, сидящий рядом с ней, тоже взял конфету.

"¡Pero qué hombre tan descarado!", pensó ella. "Ahí lo tienes, con ese traje caro y aire de superioridad. Y se cree con derecho a comer mis bombones sin ni siquiera pedir permiso".

La mujer miró al hombre fijamente a los ojos y, sin decir nada, cogió otro bombón. El hombre le sonrió y también cogió uno.

"¡Y encima sonríe!". La mujer no salía de su asombro. "Es inaudito que haya gente con tanta cara en este mundo".

Así estuvieron sentados media hora más. Cada vez que la mujer cogía un bombón, el hombre hacía lo mismo. Finalmente, en la caja quedaba un solitario bombón.

"Bien, ¿y ahora qué? Me pregunto qué hará ahora este tipo".

«Какой наглый человек! – подумала она. Сидит тут в дорогом костюме с надменным видом. И думает, что имеет право есть мои конфеты, даже не спросив разрешения».

Женщина пристально посмотрела мужчине в глаза и, ничего не сказав, взяла ещё одну конфету. Мужчина улыбнулся ей и тоже взял одну.

– Ещё и улыбается! Женщина не переставала удивляться. – Поразительно, что в мире есть такие наглые люди.

Так они просидели ещё полчаса. Каждый раз, когда женщина брала конфету, мужчина делал то же самое. Наконец в коробке осталась только одна конфета.

«Ну, и что теперь? Интересно, что теперь будет делать этот тип».

El hombre tomó el último bombón, lo partió en dos y se comió una mitad.

"¡Esto es el colmo! Y esperará que le dé las gracias por dejarme medio bombón. Ahora mismo le voy a explicar cuatro cosas".

En ese instante, una agradable voz femenina anunció el comienzo del embarque de un vuelo. El hombre se levantó apresuradamente, agarró sus cosas, dijo "hasta luego" con una sonrisa y se fue.

"¡Hasta luego, caradura!", pensó la mujer roja de ira. Estaba tan enfadada que no podía pensar en nada, ni siquiera en sus vacaciones. Enrolló la revista con fuerza y se puso a meterla en el bolso, cuando notó algo en su interior. Metió la mano y sacó... ¡su caja de bombones! La caja estaba cerrada.

"¡Madre mía! Los bombones que me comí eran los suyos. Y no me dijo nada". La mujer lo entendió todo y se sintió avergonzada.

Мужчина взял последнюю конфету, разломил её пополам и съел половину.

«Это последняя капля! Ещё и ожидает, наверное, что я поблагодарю его за то, что он оставил мне половину конфеты. Сейчас я объясню ему парочку вещей».

В этот момент приятный женский голос объявил о начале посадки на рейс. Мужчина поспешно встал, схватил свои вещи, сказал с улыбкой «до встречи» и ушёл.

«До встречи, нахал!» — подумала женщина, покраснев от гнева. Она была так зла, что не могла думать ни о чём, даже об отпуске. Она плотно свернула журнал и стала складывать его в сумку, когда заметила что-то внутри. Она засунула руку и вытащила... свою коробку конфет! Коробка была закрыта.

«Боже мой! Конфеты, которые я ела, были его. И он мне ничего не сказал». Женщина всё поняла, и ей стало стыдно.

Ejercicios

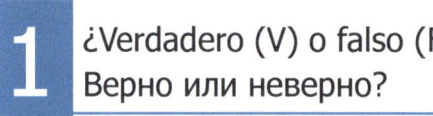

1 ¿Verdadero (V) o falso (F)?
Верно или неверно?

1. El aeropuerto estaba repleto de gente.
2. El hombre pidio permiso para comer los bombones.
3. La mujer le dio las gracias por dejarle medio bombón.
4. Una voz femenina anunció el comienzo de unw embarque.
5. "Hasta luego, caradura", le dijo la mujer al hombre.
6. Los bombones que comió la mujer eran los del hombre.

2 Escoge la preposición correcta:
Выбери правильный предлог:

1. La mujer no salía **de / por** su asombro.
2. Como tenía tiempo **con / de** sobra, decidió irse a pasear **en / por** las tiendas del aeropuerto.
3. Se cree **con / en** derecho **por / a** comer mis bombones.
4. El hombre tomó el bombón y lo partió **en / por** dos.
5. Ahí lo tienes, **con / sobre** ese traje caro y aire **a / de** superioridad.
6. "Falta un buen rato **antes / para** el embarque", pensó la mujer mientras se acercaba **a / por** un banco.

3 Completa las frases con las siguientes palabras:
Закончи предложения следующими словами:

repleto / apresuradamente / solitario / cualquiera / enrolló / cara / inaudito / colmo

1. Finalmente, en la caja quedaba un _____ bombón.
2. Una mañana como otra _____ , en un aeropuerto _____ de gente, una mujer esperaba su vuelo.
3. Es ____ que haya gente con tanta _____ en este mundo.
4. La mujer _____ la revista con fuerza.
5. El hombre se levantó _____ y se fue.
6. "¡Esto es el _____ !", pensó la mujer.

4 Combina las columnas:
Соедини колонки:

1. La mujer tomó   a. gracias
2. Cogió un bombón de la   b. asiento
3. Ahora le voy a explicar cuatro   c. avergonzada
4. La mujer estaba roja de   d. caja
5. Lo entendió todo y se sintió   e. ira
6. Y esperará que le dé las   f. cosas

Soluciones

Ejercicio 1: 1-V, 2-F, 3-F, 4-V, 5-F, 6-V
Ejercicio 2: 1-de, 2-de, por, 3-con, a, 4-en, 5-con, de, 6-para, a
Ejercicio 3: 1-solitario, 2-cualquiera, repleto, 3-inaudito, cara
4-enrolló, 5-apresuradamante, 6-colmo
Ejercicio 4: 1-b, 2-d, 3-f, 4-e, 5-c, 6-a

Vecinas
Соседки

Vocabulario

1.	ardilla	белка
2.	hermoso	красивый
3.	hogar	дом, домашний очаг
4.	regresar	возвращаться
5.	serpiente	змея
6.	sorprendido	удивлённый
7.	nocturno	ночной
8.	intercambio	обмен
9.	raíz	корень
10.	cigarrillo	сигарета
11.	arder	гореть
12.	triunfante	торжествующий
13.	vecino	сосед
14.	abajo	внизу
15.	compartir	делиться
16.	llama	огонь, пламя
17.	esfuerzo	усилие
18.	decorar	украшать
19.	huir	убежать
20.	asustado	испуганный
21.	fumar	курить
22.	frondoso	пышный (о растительности)
23.	construir	строить
24.	disputa	спор, конфликт
25.	arriba	вверху

Vecinas

Audio 4

Esta historia tuvo lugar en un árbol grande y frondoso, en una de las zonas más hermosas del bosque. En su interior vivía una alegre ardilla que había decorado su hogar con un gusto exquisito. La ardilla estaba muy contenta de vivir ahí. Pero un día, al regresar de un paseo, su alegría se transformó en pesadilla, ya que alguien acaba de construir una nueva casa en las raíces de su árbol.

—¡Este árbol es mío! —gritó la ardilla—. ¿Quién se ha atrevido a construir en mi propiedad sin mi consentimiento?

La responsable de todo este caos era una serpiente que, por cierto, estaba encantada con su nuevo hogar en las raíces del árbol.

Соседки

Эта история произошла на большом пышном дереве в одном из самых красивых участков леса. Внутри дерева жила весёлая белка, которая украсила свой дом с изысканным вкусом. Белка была очень счастлива там жить. Но однажды, когда она вернулась с прогулки, её радость превратилась в кошмар, так как кто-то только что построил новый дом в корнях её дерева.

– Это дерево моё! – закричала белка. – Кто осмелился строить на моей территории без моего согласия?

Ответственной за весь этот хаос была змея, которая, кстати, была в восторге от своего нового дома в корнях дерева.

—¿Por qué te has construido una vivienda aquí sin mi permiso? —preguntó la ardilla—. ¿Acaso no ves que el árbol es mío? ¡Vete de aquí ahora mismo!

—Pero, ¿dónde está el problema? —La serpiente estaba muy sorprendida—. Tú vives arriba y yo aquí abajo. Tú sales de casa por el día y yo soy un animal nocturno. Ni te vas a dar cuenta de que vivo aquí. Además, el bosque es de todos. Yo tengo derecho a elegir dónde quiero vivir.

Después de ese intercambio de opiniones, la disputa pareció estar solucionada. Sin embargo, la ardilla no quedó nada contenta. Todos los días, al salir de su casa, pasaba junto a las raíces del árbol y pensaba: "¿Qué puedo hacer para que la serpiente se vaya de aquí?"

Un día, la solución llegó por sí sola. La ardilla estaba dando un paseo, cuando vio a un ser humano a lo lejos. Estaba sentado en la hierba fumando. Sin pensarlo ni

– Почему ты построила здесь дом без моего разрешения? – спросила белка. – Разве ты не видишь, что дерево моё? Уходи отсюда прямо сейчас!

– Но в чём проблема? – змея очень удивилась. – Ты живёшь вверху, а я – здесь внизу. Ты выходишь из дома днём, а я ночное животное. Ты даже не заметишь, что я живу здесь. Кроме того, лес принадлежит всем. У меня есть право выбирать, где я хочу жить.

После этого обмена мнениями показалось, что спор был исчерпан. Однако белка осталась очень недовольна. Каждый день, выходя из дома, она проходила мимо корней дерева и думала: «Что мне можно сделать, чтобы змея ушла отсюда?»

Однажды решение пришло само собой. Белка гуляла, когда увидела вдалеке человека. Он сидел на траве и курил. Недолго думая, белка

un segundo, la ardilla saltó sobre el hombre, le quitó el cigarrillo y se fue corriendo con una gran sonrisa en los labios. La ardilla llegó a su árbol y tiró el cigarrillo justo delante de la casa de la serpiente. A los pocos segundos, la hierba y las raíces del árbol empezaron a arder. La serpiente huyó asustada.

—¿Qué te parece? ¿Entiendes ahora que el árbol es mío? —preguntó la ardilla con una mirada triunfante.

—Me temo que ahora no es ni mío ni tuyo —respondió la serpiente—. Mira lo que has hecho querida vecina.

La ardilla levantó la vista y vio con horror que todo el árbol estaba en llamas. A los pocos minutos no quedó ni rastro de su precioso apartamento que tanto tiempo y esfuerzo le había costado decorar. Y todo, por no querer compartir el árbol.

прыгнула на мужчину, забрала у него сигарету и убежала с широкой улыбкой на лице. Белка добралась до своего дерева и бросила сигарету прямо перед домом змеи. Через несколько секунд трава и корни дерева начали гореть. Змея в испуге убежала.

– Как тебе? Теперь ты понимаешь, что дерево моё? – спросила белка с торжествующим видом.

– Боюсь, что теперь оно ни моё, ни твоё, – ответила змея. Посмотри, что ты наделала, дорогая соседка.

Белка посмотрела вверх и с ужасом увидела, что всё дерево в огне. Через несколько минут не осталось и следа от её прекрасной квартиры, украшение которой стоило ей столько времени и сил. И всё из-за нежелания поделиться деревом.

Ejercicios

---

1 ¿Verdadero (V) o falso (F)?
Верно или неверно?

1. La ardilla vivía en las raíces del árbol.
2. La ardilla no quería compartir el árbol con la serpiente.
3. La serpiente no le había pedido permiso a la ardilla.
4. La serpiente quería asustar a la ardilla con un cigarrillo.
5. Al final, la ardilla dio su consentimiento a la serpiente.
6. A los pocos minutos, todo el árbol estaba en llamas.

2 Escoge la preposición correcta:
Выбери правильный предлог:

1. Ni te vas a dar cuenta **de / por** que vivo aquí.
2. ¿Quién se ha atrevido **a / con** construir **a / en** mi propiedad **sin / de** mi consentimiento?
3. Un día, la solución llegó **por / de** sí sola.
4. ¿Qué puedo hacer **por / para** que la serpiente se vaya de aquí?
5. La responsable **por / de** todo este caos era una serpiente que, **por / de** cierto, estaba contenta **por / con** su hogar.
6. La ardilla vio **con / en** horror que todo el árbol estaba **con / en** llamas.

3 Completa las frases con las siguientes palabras:
Закончи предложения следующими словами:

hogar / exquisito / acaso / ser /
arder / frondoso / rastro / raíces

1. Esta historia tuvo lugar en un árbol grande y _____ .
2. La ardilla había decorado su _____ con gusto _____ .
3. ¿ _____ no ves que el árbol es mío?
4. La ardilla vio a un _____ humano a lo lejos.
5. La hierba y las _____ del árbol empezaron a _____ .
6. A los pocos minutos no quedó ni ___ de su apartamento.

4 Combina las columnas:
Соедини колонки:

1. Tú vives arriba y yo   a. nocturno
2. La serpiente huyó   b. solucionada
3. Su alegría se transformó en   c. asustada
4. Soy un animal   d. abajo
5. La disputa pareció estar   e. cigarrillo
6. La ardilla le quitó al hombre el   f. pesadilla

Soluciones

Ejercicio 1: 1-F, 2-V, 3-V, 4-F, 5-F, 6-V
Ejercicio 2: 1-de, 2-a, en, sin, 3-por, 4-para, 5-de, por, con, 6-con, en
Ejercicio 3: 1-frondoso, 2-hogar, exquisito, 3-Acaso, 4-ser, 5-raíces, arder, 6-rastro
Ejercicio 4: 1-d, 2-c, 3-f, 4-a, 5-b, 6-e

La felicidad es relativa
Счастье относительно

Vocabulario

1. anciano	старик
2. curiosidad	любопытство
3. recurso	средство, ресурс
4. espíritu	дух
5. velocidad	скорость
6. conversar	разговаривать
7. sendero	тропинка
8. rostro	лицо
9. tristeza	грусть
10. viajero	путешественник
11. apenado	горюющий
12. silencio	молчание
13. tonto	глупый, дурак
14. trozo	кусок
15. suspiro	вздох
16. perder	потерять
17. saco	мешок
18. desgraciado	несчастный, жалкий
19. ladrón	вор
20. contar	рассказать
21. lamentarse	сетовать, жаловаться
22. desesperado	отчаянный
23. hambriento	голодный
24. inesperado	неожиданный
25. pertenencias	вещи, принадлежности

La felicidad es relativa

Había una vez un anciano al que le apasionaba viajar. Al no contar con grandes recursos económicos, siempre viajaba a pie, lo que le permitía conocer a gente de todo tipo por el camino. Su espíritu aventurero y sus ganas de conversar y ayudar a los demás, lo llevaban a todas partes.

Un día de verano, mientras caminaba por un sendero entre dos pueblos, el anciano observó a lo lejos a un hombre sentado bajo un árbol. Su rostro reflejaba una profunda tristeza. Llevado por la curiosidad, el viajero se acercó, y con un tono amable se dirigió al hombre apenado:

Счастье относительно

Жил-был один старик, который страстно любил путешествовать. Не имея больших финансовых средств, он всегда путешествовал пешком, что позволяло ему встречать на своём пути самых разных людей. Его авантюрный дух, а также желание разговаривать и помогать другим доставляли его в любую точку.

В один летний день, идя по тропинке между двумя городами, старик увидел вдали человека, сидящего под деревом. Его лицо выражало глубокую печаль. Движимый любопытством, путник подошел и дружеским тоном обратился к горюющему:

—Buenos días, ¿le importa si me siento a descansar bajo el árbol? Llevo caminando varias horas y mis pobres piernas necesitan parar unos minutos.

—Si claro, siéntese —respondió el hombre—. No me importa lo más mínimo.

Tras varios minutos en silencio, el anciano decidió iniciar una conversación:

—Disculpe mi atrevimiento, pero algo me dice que no está pasando por su mejor momento. ¿Puedo preguntarle qué le ha ocurrido?

—No tengo motivos para estar feliz — respondió el hombre con un suspiro—. Lo he perdido todo. ¿Ve este saco? Todo lo que me queda está dentro de él: un poco de dinero, algo de ropa y un trozo de pan. No tengo nada más. ¿Cómo se puede vivir así sin sentirse desgraciado?

— Добрый день, не возражаете, если я присяду отдохнуть под деревом? Я иду уже несколько часов, и моим бедным ногам нужно остановиться на несколько минут.

— Да, конечно, садитесь, — ответил мужчина. — Мне абсолютно всё равно.

После нескольких минут молчания старик решил завязать разговор:

— Извините за нескромность, но что-то мне подсказывает, что вы переживаете не лучший свой момент. Могу я спросить, что с вами случилось?

— У меня нет причин для счастья, — со вздохом ответил мужчина. — Я потерял всё. Видите этот мешок? Всё, что у меня осталось, внутри него: немного денег, немного одежды и кусок хлеба. У меня больше ничего нет. Как можно так жить, не чувствуя себя несчастным?

El viajero, conmovido por la historia, se puso a pensar qué hacer para ayudar. De repente, se puso en pie, agarró el saco y salió corriendo a tal velocidad, que el hombre triste no pudo reaccionar. "Qué tonto he sido al contarle dónde estaban mis cosas", se lamentó. "Ahora ni siquiera tengo el pan para cenar".

El hombre, desesperado, buscó al ladrón por el bosque durante horas, aunque todo fue en vano. Finalmente, cayó la noche. El hombre, cansado y hambriento, se sentó bajo un árbol, cerró los ojos y se puso a dormir hundido en la depresión.

A la mañana siguiente, al abrir los ojos, se encontró con una sorpresa inesperada: ¡su saco! Al abrirlo, descubrió todas sus pertenencias y una nota del anciano viajero: "Hola amigo. Aquí está el mismo saco que ayer le causaba tristeza. Pero ahora, está usted contento. Como ve, no hay que tener mucho para ser feliz".

Путешественник, тронутый рассказом, стал думать, чем помочь. Внезапно он встал, схватил мешок и убежал с такой скоростью, что грустный человек не успел среагировать. «Каким я был дураком, что рассказал ему, где мои вещи», посетовал он. — «Теперь у меня даже нет хлеба на ужин».

В отчаянии мужчина часами искал вора в лесу, но безрезультатно. Наконец наступила ночь. Человек, уставший и голодный, сел под деревом, закрыл глаза и заснул, погружённый в депрессию.

На следующее утро, открыв глаза, он обнаружил неожиданный сюрприз: его мешок! Открыв его, он нашёл все свои вещи и записку от пожилого путешественника: «Здравствуй, друг. Это тот же мешок, который вчера вызывал у вас грусть. Но теперь вы рады. Как видите, не обязательно иметь много, чтобы быть счастливым».

Ejercicios

1 ¿Verdadero (V) o falso (F)?
Верно или неверно?

1. El anciano contaba con grandes recursos económicos.
2. El anciano no tenía motivos para estar feliz.
3. En el saco del hombre había un poco de dinero, ropa y pan.
4. El anciano agarró el saco y salió corriendo.
5. Sin su saco, el hombre se sintió aún más triste.
6. Para ser feliz, hay que tener muchas pertenencias.

2 Escoge la preposición correcta:
Выбери правильный предлог:

1. **Tras / Después** varios minutos **a / en** silencio, el anciano inició una conversación.
2. Llevado **por / con** la curiosidad, el viajero se dirigió al hombre **a / con** un tono amable.
3. Sus ganas **a / de** conversar lo llevaban **a / en** todas partes.
4. **A / Por** la mañana siguiente, se encontró **a / con** una sorpresa inesperada.
5. **Por / De** repente, se puso **a / en** pie y salió corriendo **de / a** tal velocidad, que el hombre no pudo reaccionar.
6. Se sentó **bajo / debajo** un árbol y se puso a dormir hundido **a / en** la depresión.

3 Completa las frases con las siguientes palabras:
Закончи предложения следующими словами:

sendero / desgraciado / espíritu / contar /
profunda / pie / cayó / recursos / rostro

1. Al no _____ con grandes _____ económicos, siempre viajaba a _____ .
2. Estaba caminando por un _____ entre dos pueblos.
3. ¿Cómo se puede vivir así sin sentirse _____ ?
4. Finalmente, _____ la noche.
5. El anciano tenía _____ aventurero y ganas de conversar.
6. Su _____ reflejaba una _____ tristeza.

4 Combina las columnas:
Соедини колонки:

1. Al anciano le apasionaba   a. tristeza
2. Conocía a gente de todo   b. pertenencias
3. El anciano se acercó al hombre c. viajar
4. Buscó al ladrón durante   d. horas
5. En el saco estaban todas sus   e. tipo
6. Este saco ayer le causaba   f. apenado

Soluciones

Ejercicio 1: 1-F, 2-F, 3-V, 4-V, 5-V, 6-F
Ejercicio 2: 1-Tras, en, 2-por, con, 3-de, a, 4-A, con, 5-De, en, a, 6-bajo, en
Ejercicio 3: 1-contar, recursos, pie, 2-sendero, 3-desgraciado, 4-cayó, 5-espíritu, 6-rostro, profunda
Ejercicio 4: 1-c, 2-e, 3-f, 4-d, 5-b, 6-a

Un gran amigo
Большой друг

Vocabulario

1. soleado	солнечный
2. sombra	тень
3. caza	охота
4. merecido	заслуженный
5. león	лев
6. ratón	мышь
7. muerte	смерть
8. silbar	свистеть
9. temible	устрашающий
10. cola	хвост
11. atreverse	посметь
12. despertar	разбудить
13. rugir	рычать
14. amenazadoramente	угрожающе
15. red	сеть
16. postre	десерт
17. afilado	острый, заточенный
18. nuez	орех
19. alegría	радость
20. asegurar	уверять
21. pequeñajo	малый, малявка
22. roedor	грызун
23. gracioso	смешной, забавный
24. cantar	петь
25. suelo	земля, пол

Un gran amigo

Era un día soleado de verano. En la sombra, bajo un árbol, dormía un león que, tras una mañana de caza, disfrutaba de un merecido descanso. Mientras tanto, no muy lejos de allí, un pequeño ratón corría y saltaba alegremente. No se había percatado de la presencia del león, así que cantaba y silbaba. De repente, el león abrió los ojos y, con una de sus temibles zarpas, agarró al ratón por la cola.

—¿Cómo te atreves a despertarme? —rugió el león amenazadoramente—. Ratoncito, eres un inconsciente. ¿Sabes? Después de una mañana de caza, creo que me apetece comer un animalito como tú de postre.

Большой друг

Был солнечный летний день. В тени под деревом спал лев, который, после утра, проведённого за охотой, наслаждался заслуженным отдыхом. Тем временем недалеко оттуда бегала и весело прыгала маленькая мышка. Она не замечала присутствия льва, поэтому она пела и насвистывала. Внезапно лев открыл глаза и одной из своих устрашающих лап схватил мышь за хвост.

— Как ты смеешь меня будить? — угрожающе зарычал лев. — Мышонок, ты очень неразумный. Знаешь? После утренней охоты я думаю, что мне хотелось бы съесть на десерт такого маленького зверька, как ты.

El león abrió la boca, dejando a la vista sus enormes y afilados dientes.

—¡Por favor, detente! —gritó el ratón—. ¡No me comas! ¿No sería mejor que fuéramos amigos? Así, si alguna vez estás en peligro, yo te ayudaré encantado.

—¿Cómo? ¿Yo amigo de un ratón? —se burló el león—. ¿De qué me serviría tenerte como amigo?

—Pues de mucho, te lo aseguro —se apresuró a decir el ratón—. Si me comes, nunca sabrás lo buen amigo que puedo llegar a ser.

—¡Ja, ja, ja! ¡Qué pequeñajo más gracioso! —se rió el león mientras posaba al roedor en el suelo—. Vete de aquí. Hoy es tu día de suerte.

El ratón saltó de alegría, saludó amablemente al león, y continuó su camino, cantando y silbando.

Лев открыл пасть, обнажив огромные острые зубы.

– Пожалуйста, остановись! – закричала мышь. – Не ешь меня! Не было бы лучше, если бы мы были друзьями? Так, если ты когда-нибудь будешь в опасности, я буду рада тебе помочь.

– Что? Мне быть другом мыши? — усмехнулся лев. – Что хорошего даст мне дружба с тобой?

– Да много хорошего, уверяю тебя, — поспешила сказать мышь. – Если ты меня съешь, ты никогда не узнаешь, каким хорошим другом я могу быть.

– Ха-ха-ха! Какой забавный малый! – лев рассмеялся, положив грызуна на землю. – Уходи отсюда. Сегодня твой счастливый день.

Мышь подпрыгнула от радости, вежливо помахала льву и продолжила свой путь, напевая и насвистывая.

Las semanas pasaron y el otoño trajo consigo el frío de las montañas. Una mañana, el ratón estaba recogiendo nueces para el invierno, cuando escuchó el rugido de un león a lo lejos. Dejando todo lo que estaba haciendo, salió corriendo a investigar.

Cuando llegó al lugar del que provenía el rugido, se encontró a su amigo el león atrapado en una red. Había caído en la trampa de unos cazadores y esperaba, rugiendo con tristeza, una muerte segura. El ratón se acercó a la red y empezó a roerla. A los pocos minutos, el león estaba libre y contento.

—¡Muchas gracias! ¡Eres un amigo de verdad!— decía el león entusiasmado mientras abrazaba a su diminuto amigo.

—Ya ves, a pesar de ser pequeño, puedo ser un gran amigo— le contaba el ratón al león, mientras se iban alejando del lugar.

Прошли недели, и осень принесла с собой горный холод. Однажды утром мышка собирала орехи на зиму, когда услышала вдалеке львиный рёв. Бросив всё, что она делала, она побежала на разведку.

Когда она добралась до места, откуда доносился рёв, она нашла своего друга льва запутавшимся в сети. Он попался в ловушку каких-то охотников и, печально рыча, ждал верной смерти. Мышь подошла к сетке и стала её грызть. Через несколько минут лев был свободен и счастлив.

– Большое спасибо! Ты настоящий друг! – восторженно сказал лев, обнимая своего крошечного друга.

– Как видишь, несмотря на то, что я маленькая, я могу быть большим другом, — сказала мышь льву, пока они уходили оттуда прочь.

Ejercicios --

1 ¿Verdadero (V) o falso (F)?
Верно или неверно?

1. El león estaba disfrutando de un merecido descanso.
2. El ratón cantaba y silbaba porque no había visto al león.
3. El león siempre come animalitos pequeños de postre.
4. El ratón estaba recogiendo nueces para el león.
5. Un día, el león cayó en la trampa de unos cazadores.
6. El ratón le salvó la vida al león.

2 Escoge la preposición correcta:
Выбери правильный предлог:

1. El león abrió la boca, dejando **en / a** la vista sus enormes y afilados dientes.
2. **A / Tras** una mañana de caza, el león disfrutaba **de / con** un merecido descanso.
3. No se había percatado **por / de** la presencia del león.
4. ¿**A / De** qué me serviría tenerte como amigo?
5. Si alguna vez estás **con / en** peligro, te ayudaré encantado.
6. El ratón saltó **por / de** alegría y saludó amablemente **al / con el** león.

3 Completa las frases con las siguientes palabras:
Закончи предложения следующими словами:

trampa / roedor / pesar / atrapado
zarpas / cazadores / nueces / pequeñajo

1. El ratón estaba recogiendo _____ para el invierno.
2. El león lo agarró con una de sus temibles _____ .
3. El león había caído en la _____ de unos _____ .
4. A _____ de ser pequeño, puedo ser un gran amigo.
5. "¡Qué _____ más gracioso!", se rió el león
mientras posaba al _____ en el suelo.
6. El león estaba _____ en una red.

4 Combina las columnas:
Соедини колонки:

1. Hoy es tu día de   a. cola
2. Ratoncito, eres un   b. suerte
3. El león agarró al ratón por la   c. segura
4. El ratón escucho un ruido a lo   d. roerla
5. El león esperaba una muerte   e. inconsciente
6. Se acercó a la red y empezó a   f. lejos

Soluciones

Ejercicio 1: 1-V, 2-V, 3-F, 4-F, 5-V, 6-V
Ejercicio 2: 1-a, 2-Tras, de, 3-de, 4-De, 5-en, 6-de, al
Ejercicio 3: 1-nueces, 2-zarpas, 3-trampa, cazadores, 4-pesar, 5-pequeñajo, roedor, 6-atrapado
Ejercicio 4: 1-b, 2-e, 3-a, 4-f, 5-c, 6-d

Notas

Notas